Schwäbisch Kochen

AUTORINNEN: KAROLA WIEDEMANN UND MARTINA KIEL | FOTOS: JÖRN RYNIO

Praxistipps

Extra

Rezepte

Schwäbische Küche gestern und heute

Die schwäbische Küche ist heute weit über die Grenzen Schwabens hinaus bekannt und beliebt. Und das, obwohl sie mit wenigen Zutaten auskommt.

Spätzle, Maultaschen, Schupfnudeln, Laugenbrezeln und Dampfnudeln sind die Klassiker der schwäbischen Küche und das aus gutem Grund: Die schwäbische Küche ist bodenständig, deftig und – wie sollte es im Land der Tüftler und Erfinder anders sein – äußerst vielfältig und einfallsreich. Die kreativen Schwaben zaubern in der Küche mit einfachen und oft sehr preiswerten Zutaten ganz besondere Leckerbissen.

Arme-Leute-Küche »Bei den Reichen lernt man das Sparen, bei den Armen das Kochen«, sagt ein schwäbisches Sprichwort. So ist die schwäbische Küche in ihrem Ursprung eher eine »Arme-Leute-Küche«. Gefüllte Kalbsbrust, Zwiebelrostbraten oder Brätknödelsuppe gab es früher nur an besonderen Festtagen. Fleisch konnten sich hier nur wenige leisten. Es galt als »Herrenessen«. Das gemeine Volk musste sich mit Innereien und einfachen Süßspeisen begnügen. Auch Fisch und Wild gab es eher selten. Im Alltag dominierten vegetarische Gerichte, denn Kartoffeln, Getreide, Eier, Milch und Käse, aber auch Hülsenfrüchte wie Bohnen und Linsen, Gemüse und Obst aus dem Garten gab es auf fast jedem Hof in Schwaben. Damit wurde mit viel Hingabe und Geschick gekocht.

Mehl, Eier, Wasser, Milch So entstanden aus Mehl, Eiern, Wasser oder Milch die Spätzle – bis heute die Lieblingsspeise der Schwaben und inzwischen auch vieler Nichtschwaben. Sie sind die perfekte Beilage vieler Fleischgerichte, können aber auch, mit **Käse und Zwiebeln** kombiniert, als Käsespätzle zum Hauptgericht werden. Und dennoch, die traditionelle schwäbische Küche besteht nicht nur aus Spätzle. Eierteigwaren in den verschiedensten Variationen, zum Beispiel Maultaschen und Flädle, haben eine zentrale Bedeutung. Flädle sind dünn ausgebackene Pfannkuchen, die entweder süß oder pikant gefüllt werden. Für die Flädlesuppe werden sie ohne Füllung aufgerollt, in feine Streifen geschnitten und mit einer kräftigen Fleischbrühe serviert.

Kraut, wie der Weißkohl in Schwaben genannt wird, wuchs auch in unwirtlichen Gegenden mit rauem Klima, beispielsweise im Allgäu und in Nordwürttemberg. Kraut ließ sich gut einlagern, entweder zu Sauerkraut vergoren oder auch frisch im feucht-kühlen und frostfreien Keller. Entsprechend hat das Kraut von jeher seinen festen Platz auf dem winterlichen Speiseplan der Schwaben. Was lag näher, als eine Kombination mit den ach so beliebten Spätzle – so entstanden die Krautspätzle.

Linsen Auf der Schwäbischen Alb wurden früher, und zum Teil werden auch heute wieder Linsen angebaut. So ist die auf den ersten Blick eher ungewöhnliche Kombination von »Linsen mit Spätzle« entstanden. Heute ist dieses Gericht eines der beliebtesten im Schwabenland und dabei auch noch physiologisch sehr wertvoll, denn die Eiweißverbindungen von Hülsenfrüchten und Getreide ergänzen sich besonders gut.

nsen, Kraut, Kartoffeln

Mehl, Milch, Eier

Speck, Käse, Zwiebeln

uppen und Süßes Schwaben lieben Suppen nd Eintöpfe, am liebsten mit gehaltvollen Einla- en, wie Knödeln, Spätzle, Flädle und Rindfleisch. ypische Gerichte sind die Leberspätzlesuppe und er Gaisburger Marsch. Neben alledem hat Süßes n Schwaben einen hohen Stellenwert, als Hauptge- cht, als Nachtisch und zum Kaffee. In Fett ausge- ackene Brandteigkrapfen, die sogenannten Non- enfürzle, Grießschnitten und Träubleskuchen sind ur einige Beispiele.

este Schwaben gelten von jeher als fleißig und parsam. Sie lassen auch in der Küche nichts ver- ommen. So werden gekochte Kartoffeln vom Vor- ag mit Mehl und Ei verknetet, zu leckeren Schupf- udeln geformt, aus altbackenen Brötchen zau- ern die Schwaben zusammen mit frischem Obst nd Eiermilch ihren berühmten Ofenschlupfer. Die eiche Apfelernte von den Streuobstwiesen wird zu pfelsaft und Most verarbeitet. In der Küche hat er Most seinen großen Auftritt bei den versoffe- en Jungfern, aber auch in der eher modern ange- auchten Mostschaumsauce zu Dampfnudeln.

Rohkost findet man in der traditionellen schwä- bischen Küche selten. Sogar die Möhren für den Gelbe Rüben-Salat werden zuvor gegart. Dies hat sich inzwischen stark gewandelt, und so findet man heutzutage überall auch Rohkost und Salate auf der Speisekarte.

Alles aus der Region Auch heute werden immer noch bevorzugt Zutaten verwendet, die vor Ort gewachsen und gereift sind. So isst man gerne Tett- nanger Spargel, die forellenähnlichen Bodenseefel- chen aus dem »Schwäbischen Meer«, das Fleisch der Albschafe und der Weiderinder aus dem Ländle und den Allgäuer Emmentaler. Dazu trinkt man ein Glas Trollinger, eine Rebsorte, die im fünftgrößten Weinanbaugebiet Deutschlands, zwischen Heil- bronn und Stuttgart, angepflanzt wird. Zum »Vier- tele«, wie in Schwaben ein Glas Wein liebevoll genannt wird, gibt es Laugenbrezeln (die natürlich auch in Schwaben ihren Ursprung haben), hausge- machte Bauernwürste, Backsteinkäse (Romadur) und Luckeleskäs.

Laugenbrezeln und Co.

Das Laugengebäck soll seinen Ursprung in Süddeutschland haben, wo einem Bäcker seine aus Teig geformten Brezeln versehentlich in Natronlauge fielen.

500 g Mehl
½ TL Zucker | 1 TL Salz
150 ml Milch | 30 g Butter
1 Würfel frische Hefe (ca. 42 g)
50 g Natron
Mehl zum Verarbeiten
1 EL grobes Salz

1 Mehl, Zucker und Salz in einer Rührschüssel mischen. Milch lauwarm erwärmen. Butter darin schmelzen. 200 ml lauwarmes Wasser zufügen. Hefe in die Flüssigkeit bröckeln und darin auflösen. Die Hefemischung und das Mehl mit den Knethaken des Handrührgeräts, der Küchenmaschine oder mit den Händen zu einem glatten Teig verkneten. Den Teig zugedeckt an einem warmen Ort mindestens 30 Min. gehen lassen.

2 Auf einer mit Mehl bestreuten Fläche aus dem Teig mit bemehlten Händen zwei Rollen formen

und davon entweder 12 Stücke für Brezeln oder Stangen oder 16 Stücke für Brötchen abschneiden. Für Brezeln ca. 50 cm lange Stränge rollen (in der Mitte dicker) und zu Brezeln drehen (Bild 1). Für Stangen ca. 20 cm lange Stränge und für Brötchen runde Teiglinge formen. Die Teiglinge ohne Abdeckung mindestens 30 Min. kühlen. Dabei bildet sich eine Haut, die die Lauge besser annimmt.

3 Inzwischen Natron mit 1 l Wasser aufkochen und vom Herd nehmen. Backofen auf 225° vorheizen. Blech mit Backpapier belegen. Teiglinge jeweils etwa 20 Sekunden mit einem Schaumlöffel in die Natronmischung tauchen (Bild 2), abtropfen lassen und auf das Blech setzen. Brezeln an der dicken Seite einmal, Laugenstangen dreimal quer und Brötchen kreuzweise tief einschneiden. Die Teiglinge mit grobem Salz bestreuen und im heißen Ofen (Mitte, Umluft 200°) in ca. 20 Min. backen.

Schwäbische Seelen und Wecken

Diese süddeutschen Brotspezialitäten, in Oberschwaben auch Kleinbrot genannt, wer-
den mit einem sehr weichen und »armen« Hefeteig, also ohne Fett und Ei, gebacken.

00 g Mehl
TL Zucker | 2 TL Salz
Msp. gemahlener Koriander
Würfel frische Hefe (ca. 42 g)
Mehl zum Verarbeiten
EL ganzer Kümmel | 1 EL grobes Salz
ahne zum Bestreichen

Mehl, Zucker, Salz und Koriander in einer Schüs-
el mischen. Die Hefe in 500 ml lauwarmes Wasser
röckeln und verrühren, bis sie sich auflöst. Die
efelösung zur Mehlmischung gießen und alles mit
en Knethaken des Handrührgeräts, der Küchen-
aschine oder mit den Händen zu einem glatten
eig verkneten und zugedeckt an einem warmen
Ort mindestens 1 Std. gehen lassen.

Ein Backblech mit Backpapier auslegen und den
Backofen auf 240° vorheizen. Für die Seelen den
eig mit bemehlten Händen auf einer mit Mehl

bestreuten Arbeitsfläche zu einer 15 cm x 25 cm
großen Platte ausrollen. 6 Teigstreifen von ca. 5 cm
Breite abschneiden (Bild 1), auf ca. 20 cm Länge
ausziehen und mit der Schnittfläche nach oben auf
das Blech legen. Wer lieber lange Seelen möchte,
schneidet die Teigplatte der Länge nach in 10 Teigstreifen. Seelen mit Wasser einpinseln und mit
Kümmel und Salz bestreuen.

3 Oder stattdessen für die Wecken auf einer mit
Mehl bestreuten Arbeitsfläche zwei Rollen formen.
16 Teigstücke abschneiden (Bild 2), formen und auf
das Backblech legen. Mit Sahne bepinseln. Die
Teiglinge in den heißen Ofen schieben und etwa
30 Min. (Mitte, Umluft 220°) backen. Dabei nach
20 Min. den Ofen auf 200° (Umluft 180°) herunter-
schalten und weitere 5–10 Min. backen, bis das
Gebäck eine feste Kruste hat, leicht gebräunt und
damit richtig schön knusprig ist.

Suppen, Salate & Vesper

»Gut g'veschpert, ischt halb g'schafft.« Die Schwaben lieben ihr Vesper, eine herzhafte Zwischenmahlzeit am Vormittag oder späten Nachmittag. Laugenbrezeln, Käse, Wurst, Salat, aber auch der geliebte Luckeleskäs gehören dazu. Die zweite Passion der Schwaben gilt Suppen mit kräftiger Einlage. Eine Rinderbrühe ist meist die Grundlage dafür. So gehört die Brätknödelsuppe zu jedem Festessen in Oberschwaben.

Brätknödelsuppe

1 Brötchen vom Vortag
125 ml Milch | 2 Eier (Größe M)
250 g Kalbsbrät
abgeriebene Schale von 1 Bio-Zitrone
frisch geriebene Muskatnuss | Salz
1 l Rinderbrühe (S. 14)
½ Bund Schnittlauch
4 Handvoll Backerbsen (ca. 40 g)

Für 4 Personen
◎ 20 Min. Zubereitung | 15 Min. Garen
Pro Portion ca. 350 kcal, 17 g EW, 21 g F, 9 g KH

1 Das Brötchen in 2 cm große Würfel schneiden. Die Milch zum Kochen bringen, über die Brötchen gießen und alles 5–10 Min. ziehen lassen. Eier, Brät, Zitronenschale und geriebene Muskatnuss mit den Brotwürfeln zu einer homogenen Masse vermischen.

2 In einem großen Topf Wasser aufkochen und Salz zufügen. Mit einem Esslöffel kleine Portionen Brätmasse abstechen, daraus auf der nassen Handfläche mit Hilfe des Esslöffels Kugeln von ca. 5 cm Ø formen und in das kochende Salzwasser gleiten lassen. Den Topf zudecken und die Knödel bei schwacher Hitze ca. 15 Min. ziehen lassen.

3 Inzwischen die Rinderbrühe erhitzen, den Schnittlauch waschen, trocken schütteln, in feine Röllchen schneiden und zusammen mit den Backerbsen auf vier Suppenteller verteilen. Mit einem Schaumlöffel die Knödel aus dem Salzwasser nehmen, in die heiße Brühe geben und die Suppe mit den Brätknödeln auf die Teller verteilen.

Vitamin-Kick

Luckeleskäs

250 g Magerquark
200 g Schmand
50 ml Milch
½ Bund Schnittlauch
½ Bund Petersilie
1 Knoblauchzehe
1 TL frisch gepresster Zitronensaft
Salz | Pfeffer

Für 4 Personen
⏲ 15 Min. Zubereitung
Pro Portion ca. 175 kcal, 10 g EW, 13 g F, 5 g KH

1 Den Quark mit Schmand und Milch glatt rühren. Die Kräuter waschen und trocken schütteln. Den Schnittlauch in feine Röllchen schneiden und die Petersilie fein hacken. Die Knoblauchzehe abziehen und durch eine Knoblauchpresse drücken.

2 Kräuter und Knoblauch mit der Quarkmasse verrühren. Das Ganze mit Zitronensaft, Salz und Pfeffer abschmecken.

TIPP
Dieser Kräuterquark wird gern zu frisch gebackenem Brot serviert. Mit Pellkartoffeln und einem frischen Salat wird er zu einer vollständigen Mahlzeit.

GUT ZU WISSEN
Als »Luckele« werden im Stuttgarter Raum die Hühnerküken bezeichnet. Quark wurde früher oft an kleine Hühner verfüttert, und so hat dieser Kräuterquark wahrscheinlich seinen Namen bekommen.

pikant

Wurstsalat

100 ml kalte Rinderbrühe (S. 14)
1 TL Dijonsenf
3 EL Obstessig
2 Msp. gemahlener Kümmel
5 EL Rapsöl | Pfeffer | Salz
200 g Lyoner (in feinen Scheiben)
200 g roter Schwartenmagen (in feinen Scheiben)
200 g Zungenwurst (in feinen Scheiben)
4 Senfgurken (ersatzweise Essiggurken)
½ rote Paprikaschote
je 1 rote und 1 weiße Zwiebel
½ Bund Schnittlauch

Für 4 Personen
⏲ 20 Min. Zubereitung | 60 Min. Marinieren
Pro Portion ca. 510 kcal, 25 g EW, 43 g F, 6 g KH

1 Für die Marinade Brühe mit Senf, Essig, Kümmel und Öl verrühren. Mit Pfeffer und Salz kräftig abschmecken. Lyoner, Schwartenmagen und Zungenwurst in schmale Streifen schneiden und zur Marinade geben. Die Senfgurken fein würfeln und zufügen. Die Paprikaschote putzen, waschen, in feine Streifen schneiden und dazugeben. Das Ganze vermengen und zugedeckt im Kühlschrank mindestens 1 Std. durchziehen lassen.

2 Die Zwiebeln abziehen, in feine Ringe schneiden und den Wurstsalat damit belegen. Schnittlauch waschen, trocknen, in feine Röllchen schneiden und aufstreuen. Dazu passen Laugenbrezeln.

Kartoffelsalat mit Speck

Wie in vielen Regionen Süddeutschlands wird der Kartoffelsalat auch in Schwaben mit einer Marinade aus Brühe, Essig und Öl zubereitet. Wichtig sind gute, festkochende Kartoffeln, wie die Sorten Linda oder Nicola.

1 kg festkochende Kartoffeln | 250 ml Rinder-
brühe (S. 14) | 3 EL Weißweinessig | 5 EL Raps-
öl | 2 TL mittelscharfer Senf | Salz | Pfeffer |
2 Zwiebeln | 100 g Schinkenspeck am Stück |
½ Bund Schnittlauch

Für 4 Personen
⊚ 30 Min. Zubereitung | 25 Min. Kochen
Pro Portion ca. 300 kcal, 11 g EW, 15 g F, 31 g KH

1 Die Kartoffeln waschen, in wenig Wasser bei mittlerer Hitze im geschlossenen Topf in ca. 25 Min. garen. Die Kartoffeln abgießen, pellen, etwas ab-kühlen lassen und in ca. 0,5 cm breite Scheiben schneiden. Die Rinderbrühe erhitzen, mit Essig, 3 EL Öl, Senf, Salz und Pfeffer verrühren und über die Kartoffelscheiben gießen. Das Ganze vorsichtig mischen und ca. 10 Min. ziehen lassen.

2 Inzwischen die Zwiebeln abziehen und fein würfeln. Den Schinkenspeck ebenfalls fein würfeln. In einer Pfanne das restliche Öl auf mittlere Hitze erwärmen und die Speckwürfel darin anbraten. Die Zwiebeln zugeben und ca. 5 Min. bei schwacher Hitze mitbraten. Schinkenspeck und Zwiebeln mit den Kartoffelscheiben vermischen und den Salat weitere 5 Min. ziehen lassen.

3 Den Schnittlauch waschen, trocken schütteln und in feine Röllchen schneiden. Kurz vor dem Servieren unter den Salat mischen.

winterlich

Rote-Rüben-Salat

2 mittelgroße Rote Bete (ca. 500 g) | 100 g Allgäuer Emmentaler | 2 kleine Zwiebeln | 2 Stängel Petersilie | 1 EL Rapsöl | 2 EL Rotweinessig | 2 TL Dijonsenf | Salz | Pfeffer

Für 4 Personen
20 Min. Zubereitung | 60 Min. Kochen
Pro Portion ca. 180 kcal, 9 g EW, 11 g F, 11 g KH

1 Rote Bete waschen und ungeschält in wenig Wasser zugedeckt bei mittlerer Hitze in ca. 1 Std. garen. Rote Bete abgießen, mit kaltem Wasser abschrecken und schälen. Rote Bete und Käse in ca. 0,5 cm große Würfel schneiden. Die Zwiebeln abziehen und fein würfeln. Die Petersilie waschen, trocken schütteln und fein hacken. Öl, Essig und Senf verrühren und mit Salz und Pfeffer abschmecken. Zwiebeln, Käse und Rote Bete damit mischen. Dazu passen Pellkartoffeln.

gut vorzubereiten

Gelbe-Rüben-Salat

500 g Möhren | Salz | 1 kleine Zwiebel | 125 ml Gemüsebrühe | 2 EL Rapsöl | 3 EL Weißweinessig | Pfeffer

Für 4 Personen
40 Min. Zubereitung | 20 Min. Marinieren
Pro Portion ca. 75 kcal, 1 g EW, 5 g F, 6 g KH

1 Die Möhren waschen und ungeschält in Salzwasser zugedeckt bei mittlerer Hitze in ca. 25 Min. weich kochen. Möhren mit einem kleinen Messer schälen und in feine Scheiben schneiden. Die Zwiebel abziehen und fein würfeln.

2 Für das Dressing Gemüsebrühe, Öl und Essig verrühren und mit Salz und Pfeffer kräftig würzen. Das Dressing mit dem Gemüse mischen und den Salat mindestens 20 Min. ziehen lassen.

Klassiker

Gaisburger Marsch

Dieser Eintopf, der früher im Stuttgarter Stadtteil Gaisburg sonntags den Soldaten im Wirtshaus serviert wurde, enthält alles, was gut ist und satt macht.

Grundrezept Rinderbrühe
500 g Rindfleisch (Suppenfleisch)
250 g Rinderknochen
1 Bund Suppengrün
1 Zwiebel | Salz
1 TL Pfefferkörner | 1 TL Pimentkörner
2 Lorbeerblätter | 2 Gewürznelken
Pfeffer
Für die Suppeneinlage
ein Viertel Menge Grundrezept
Spätzleteig (S. 23)
500 g festkochende Kartoffeln
1 Möhre
1 Stück Knollensellerie (ca. 100 g)
1 kleine Stange Lauch
½ Bund Petersilie
3 Zwiebeln
1 EL Sonnenblumenöl
Salz | Pfeffer

Für 4–6 Personen
◎ 60 Min. Zubereitung | 2 Std. Kochen
Pro Portion ca. 285 kcal, 16 g EW, 5 g F, 43 g KH

1 Für die Rinderbrühe das Fleisch und die Knochen waschen. Das Suppengrün putzen, waschen und in große Stücke schneiden. Die Zwiebel abziehen und vierteln. In einem großen Kochtopf 2 ! Wasser zum Kochen bringen. 1 TL Salz, Pfefferkörner, Pimentkörner, Lorbeerblätter, Gewürznelken, Suppengrün, Zwiebel, Fleisch und Knochen zugeben und erneut aufkochen lassen. Dabei den Schaum, der sich zu Beginn bildet, mit dem Schaumlöffel sorgfältig entfernen und die Brühe zugedeckt ca. 2 Std. bei schwacher Hitze kochen.

2 Sobald das Fleisch gar ist, Fleisch und Knochen aus der Brühe nehmen. Die Brühe durch ein Sieb in einen anderen Topf abgießen und mit Salz und Pfeffer abschmecken.

3 Für die Suppeneinlage nach dem Grundrezept von S. 23 ein Viertel Menge Spätzle zubereiten. Kartoffeln waschen, schälen und in ca. 1 cm große Würfel schneiden. Möhre und Sellerie schälen und in feine Streifen schneiden. Den Lauch putzen, gründlich waschen und in feine Ringe schneiden.

4 Die Kartoffeln in der fertigen Brühe bei mittlerer Hitze im geschlossenen Topf zunächst 8 Min. garen, dann Möhre, Sellerie und Lauch zugeben und weitere 7 Min. mitgaren.

5 Inzwischen die Petersilie waschen, trocken schütteln und fein hacken. Die Zwiebeln abziehen und in feine Ringe schneiden. Das Öl in einer Pfanne erhitzen und die Zwiebelringe darin 10 Min. bei mittlerer Hitze anbraten. Das Suppenfleisch in 2 cm große Würfel schneiden.

6 Sobald die Kartoffeln und das Gemüse gar sind, Fleisch und Spätzle mit in die Brühe geben und alles noch einmal erhitzen. Die Suppe mit Salz und Pfeffer abschmecken, auf Tellern anrichten und mit Petersilie und gebratenen Zwiebeln servieren.

cremig-nussig

Grünkernsuppe mit Vollkorncroûtons

Grünkern ist unreif geernteter Dinkel und hat deshalb eine grünliche Färbung. Die Dinkelkörner werden über Buchenholzfeuer gedörrt, und so entsteht der typisch rauchig-nussige Geschmack.

1 l Rinderbrühe (S. 14) | 1 Möhre | 90 g Grünkernmehl (Naturkostladen) | 2 Scheiben Vollkornbrot | 1 EL Butter | ½ Bund Schnittlauch | 100 g Schlagsahne

Für 4 Personen | ⊚ 25 Min. Zubereitung
Pro Portion ca. 250 kcal, 10 g EW, 12 g F, 27 g KH

1 Die Rinderbrühe zum Kochen bringen. Die Möhre schälen und in feine Streifen schneiden. Das Grünkernmehl mit 200 ml kaltem Wasser glatt rühren und mit dem Schneebesen in die kochende Brühe einrühren. Die Möhrenstreifen in die Suppe geben und das Ganze bei mittlerer Hitze unter gelegentlichem Rühren 10 Min. köcheln lassen.

2 Inzwischen für die Croûtons das Vollkornbrot in 1 cm große Würfel schneiden. Die Butter in einer Pfanne auf mittlere Temperatur erhitzen und die Brotwürfel darin ca. 10 Min. braten bis sie knusprig sind. Dabei gelegentlich wenden.

3 Den Schnittlauch waschen, trocken schütteln und in feine Röllchen schneiden. Die Sahne mit den Schneebesen des Handrührgeräts steif schlagen. Den Schnittlauch und die Sahne in die Suppe rühren und mit den Croûtons anrichten.

TAUSCHTIPP

Statt Grünkernmehl kann man auch 60 g Hartweizengrieß in 1 l kalte oder lauwarme Brühe einrühren und mit den Möhrenstreifen 10 Min. kochen lassen. Die Suppe schmeckt dann etwas milder.

Kräuterflädlesuppe

½ Bund Petersilie | ½ Bund Schnittlauch |
125 ml Milch | 100 g Mehl (Type 405) | 2 Eier
(Größe M) | Salz | 1 l Rinderbrühe (S. 14) | 3 EL
Sonnenblumenöl | Petersilie (nach Belieben)

Für 4 Personen | ⏱ 30 Min. Zubereitung
Pro Portion ca. 235 kcal, 12 g EW, 12 g F, 18 g KH

1 Für die Flädle die Kräuter waschen und trocken
schütteln, grob schneiden und mit der Milch in
einem hohen Gefäß mit dem Pürierstab pürieren.
Mehl, Eier und 1 Prise Salz zugeben und kräftig verrühren. Den Teig ca. 10 Min. ruhen lassen.

2 Die Rinderbrühe zum Kochen bringen. Etwas Öl
in einer beschichteten Pfanne erhitzen und aus
dem Teig nacheinander 3–4 dünne Pfannkuchen
backen, aufrollen und quer in schmale Streifen
(Flädle) schneiden. Die Flädle auf vier Suppenteller
verteilen, heiße Brühe darübergießen, nach Belieben mit gehackter Petersilie bestreuen.

Knödelsuppe

1 l Rinderbrühe (S. 14) | ½ Bund Petersilie |
2 Eier (Größe M) | 6 EL Semmelbrösel | 1 Prise
Salz | frisch geriebene Muskatnuss

Für 4 Personen
⏱ 20 Min. Zubereitung | 15 Min. Garen
Pro Portion ca. 120 kcal, 10 g EW, 4 g F, 12 g KH

1 Die Brühe zum Kochen bringen. Inzwischen die
Petersilie waschen, trocken schütteln und klein
schneiden. Eier, Semmelbrösel, Salz, Muskatnuss
und die Hälfte der Petersilie in eine Schüssel geben. Mit einer Gabel zu einem glatten, weichen Teig
verrühren und die Teigoberfläche glatt streichen.

2 Mit einem Esslöffel kleine Nocken abstechen,
mit einem zweiten Esslöffel längliche, glatte Knödel
formen, diese direkt in die kochende Brühe geben
und bei schwacher Hitze im geschlossenen Topf ca.
15 Min. ziehen lassen. Die Suppe mit der restlichen
Petersilie anrichten.

Klassiker

Dinnete

Diese »schwäbische Pizza« gibt es in zwei Varianten. Wir bereiten immer eine Dinnete mit Allgäuer Emmentaler und eine mit gebratenen Speckwürfeln zu.

500 g Mehl
1 TL Salz
1 Würfel Hefe (ca. 42 g)
1 Ei (Größe M)
7 EL Rapsöl
1 kg Zwiebeln
400 g Schmand
Salz | Pfeffer
1 TL Aceto balsamico
50 g Schinkenspeck am Stück
100 g Allgäuer Emmentaler
Fett und Mehl für die Bleche

Für 2 Backbleche (à 4 Stücke)
🕐 50 Min. Zubereitung | 30 Min. Ruhen
25 Min. Backen pro Blech
Pro Stück ca. 530 kcal, 16 g EW, 28 g F, 53 g KH

1 Für den Teig Mehl und Salz vermischen. Die Hefe zerbröseln und in 200 ml lauwarmem Wasser auflösen. Die Hefemischung mit Mehl, Ei und 5 EL Öl mit den Knethaken des Handrührgeräts, der Küchenmaschine oder mit den Händen zu einem glatten Teig verkneten. Den Teig zugedeckt ca. 30 Min. an einem warmen Ort gehen lassen. Die Backbleche fetten und mit Mehl bestreuen.

2 Inzwischen die Zwiebeln abziehen, halbieren und in feine Streifen schneiden. In einem großen Topf 2 EL Öl erhitzen und die Zwiebeln darin bei mittlerer Hitze ca. 10 Min. anbraten. Dabei immer wieder rühren. Den Schmand zu den Zwiebeln in den Topf geben und verrühren. Die Mischung mit Salz und Pfeffer kräftig würzen und mit Aceto balsamico abschmecken.

3 Den Backofen auf 200° vorheizen. Den Schinkenspeck fein würfeln und den Käse reiben. Den Teig halbieren und auf den Blechen dünn ausrollen. Auf einem Blech die Hälfte der Zwiebelmischung verteilen und mit dem geriebenen Käse bestreuen. Die Speckwürfel mit den restlichen Zwiebeln mischen und die Masse auf dem zweiten Blech verteilen. Die Dinnete nacheinander im Backofen (Mitte, Umluft 180°) in ca. 25 Min. goldbraun backen.

VARIANTE: KLASSISCHER ZWIEBELKUCHEN
Einen Hefeteig wie für die Dinnete zubereiten und den ganzen Teig auf 1 gefetteten und mit Mehl bestreuten Blech ausrollen. 125 g Schinkenspeck fein würfeln. 1,5 kg Zwiebeln abziehen und in feine Ringe schneiden oder hobeln. Den Backofen auf 200° vorheizen. Je 2 EL Sonnenblumenöl in zwei beschichteten Pfannen erhitzen und die Speckwürfel auf die Pfannen verteilen und bei mittlerer Hitze ca. 3 Min. anbraten. Die Zwiebeln in den Pfannen verteilen und zugedeckt in ca. 15 Min. bei mittlerer Hitze glasig braten, dabei gelegentlich wenden. Die Zwiebeln zusammen in eine Pfanne geben, 200 g saure Sahne und 3 Eier miteinander verrühren, daruntermischen, mit 2 TL Kümmel, Salz und Pfeffer würzen und auf dem Teig verteilen. Den Zwiebelkuchen im Ofen (Mitte, Umluft 180°) ca. 30 Min. backen und warm servieren.

Spätzle & Maultaschen

Aus Mehl, Eiern, Milch und Salz entstehen Spätzle, die mal mit Spinat oder Leber verfeinert werden, oder mal kurz oder lang auf den Tisch kommen. Geradezu legendär ist die typisch schwäbische Verbindung von Spätzle mit Linsen und Saitenwürstchen.

Linsen mit Spätzle und Saiten

1 Zwiebel
125 g Schinkenspeck am Stück
1 Bund Suppengrün
1 EL Sonnenblumenöl
1 l Gemüsebrühe
300 g Tellerlinsen (ohne Einweichen)
halbe Menge Grundrezept Spätzleteig (S. 23)
6 Paar Saitenwürste (ersatzweise Wiener)
Salz | Pfeffer
4 EL Rotweinessig
4 Stängel Petersilie

Für 6 Personen | ⏱ 50 Min. Zubereitung
Pro Portion ca. 625 kcal, 33 g EW, 30 g F, 53 g KH

1 Die Zwiebel abziehen und fein würfeln. Den Schinkenspeck klein würfeln. Das Suppengrün waschen, putzen und klein schneiden. Das Öl in einem großen Topf erhitzen. Zwiebel- und Schinkenwürfel darin bei mittlerer Hitze 5 Min. anbraten.

Das Suppengrün zufügen und im geschlossenen Topf bei mittlerer Hitze weitere 5 Min. dünsten. Die Gemüsebrühe angießen, die Linsen zufügen und das Ganze bei mittlerer Hitze zugedeckt in 40 Min. garen. Dabei gelegentlich umrühren.

2 Inzwischen nach dem Grundrezept von S. 23 die halbe Menge Spätzle zubereiten (möglichst lange) und in einer Schüssel mit heißem Wasser warm halten. Die Würstchen in heißem Wasser im geschlossenen Topf bei schwacher Hitze erwärmen. Linsen mit Salz und Pfeffer würzen und mit Essig abschmecken. Petersilie waschen, trocken schütteln, klein hacken und mit den Linsen mischen. Die Spätzle in ein Sieb abgießen, die Würstchen aus dem Wasser nehmen und beides zu den Linsen servieren.

richtiger Sattmacher

Allgäuer Käsespätzle

Mit aromatischem Emmentaler werden die Spätzle zu einem unwiderstehlichen Hauptgericht, das inzwischen auch außerhalb von Schwaben heiß begehrt ist.

Grundrezept Spätzleteig
500 g Spätzlemehl (ersatzweise Mehl Type 405)
Salz
4 Eier (Größe M)
250 ml Milch
Für die Käsespätzle
3 Zwiebeln
2 EL Butter
200 g Allgäuer Emmentaler

Für 4 Personen | ⏱ 30 Min. Zubereitung
Pro Portion ca. 795 kcal, 37 g EW, 30 g F, 91 g KH

1 Für den Spätzleteig Mehl, 2 TL Salz, Eier und Milch in eine Schüssel geben und alles zu einem glatten, zähflüssigen Teig verrühren. Den Teig mit einem Kochlöffel so lange kräftig durchrühren (die Schwaben sagen den Teig »schlagen«), bis er Blasen bildet (Bild 1). Wer will, kann den Spätzleteig auch mit den Rührbesen des Handrührgeräts verrühren oder bei einer größeren Menge eine Küchenmaschine zu Hilfe nehmen. Den Teig 5 Min. ruhen lassen. In einem großen Topf reichlich Wasser zum Kochen bringen und dann Salz zufügen. Für die Zubereitung von Käsespätzle den Backofen auf 50° vorheizen und eine feuerfeste Form hineinstellen.

2 Den Teig von Hand, mit Spätzlepresse, -hobel, -reibe oder -sieb portionsweise in das kochende Wasser drücken (Bild 2). Je nach Werkzeug entstehen lange, kurze oder rundliche Spätzle bzw. Knöpfle. Für die echten Allgäuer Käsespätzle sollen es runde Knöpfle sein. Von der Unterseite des Geräts nach jeder Portion mit dem Messer oder Teigschaber den restlichen Teig in das kochende Wasser streichen (Bild 3) und das Gerät auf die Teigschüssel stellen, bis es wieder befüllt wird, damit der Teig vom heißen Wasserdampf nicht fest wird. Nachdem alle Spätzle geformt sind, das Spätzlegerät sofort in kaltem Wasser einweichen. Niemals warmes oder heißes Wasser verwenden, sonst klebt der Teig fest.

3 Sobald die Spätzle an der Oberfläche schwimmen, mit einem Schaumlöffel abschöpfen. Wer die Spätzle als Beilage zubereitet, hält sie in einer Schüssel mit warmem Wasser warm. Für die Käsespätzle den Käse fein reiben. Die Zwiebeln abziehen und in feine Ringe schneiden. Die Butter in einer beschichteten Pfanne erhitzen. Die Zwiebelringe darin bei mittlerer Hitze goldbraun braten. Die fertigen Spätzle nacheinander in die angewärmte Form geben, nach jeder Portion etwas Käse darüberstreuen. Zum Schluss die Spätzle mit zwei Gabeln kurz vermischen, sodass der Käse Fäden zieht (Bild 4). Die Zwiebeln über die Spätzle geben.

VARIANTE: SPÄTZLE À LA CARBONARA
Spätzle nach Grundrezept zubereiten. 3 rote Zwiebeln abziehen. 125 g Schinkenspeck und Zwiebeln würfeln. In einer Pfanne 2 EL Rapsöl erhitzen und darin die Zwiebeln bei mittlerer Hitze glasig dünsten. Speck zufügen, 2 Min. mitbraten, Spätzle und 200 g Sahne zufügen, kurz erwärmen und mit Salz und Pfeffer abschmecken.

Grüne Spätzle mit Spargel

Das feine Spinataroma der Spätzle harmoniert besonders gut mit dem weißen Spargel und einer klassischen Sauce hollandaise.

100 g gehackter TK-Spinat | 350 g Spätzlemehl (ersatzweise Mehl Type 405) | 3 Eier (Größe M) | Salz | Pfeffer | frisch geriebene Muskatnuss | 1 kg weißer Spargel | 1 TL Zucker | 100 g Butter | 4 Eigelbe | 100 ml Weißwein (ersatzweise Wasser) | 1 TL frisch gepresster Zitronensaft

Für 4 Personen | ⊙ 1 Std. 20 Min. Zubereitung
Pro Portion ca. 690 kcal, 22 g EW, 34 g F, 69 g KH

1   Den Spinat mit 150 ml Wasser im zugedeckten Kochtopf bei schwacher Hitze ca. 5 Min. auftauen und mit dem Pürierstab pürieren. Aus Spinat, Mehl, Eiern, Salz, Pfeffer und Muskatnuss einen Spätzleteig nach dem Grundrezept (S. 23) zubereiten.

2   Den Backofen auf 50° vorheizen. In einem großen Topf ca. 1 l Wasser zum Kochen bringen. Spargel schälen und die Enden abschneiden. Salz,

Zucker und 1 TL Butter in das kochende Wasser geben und den Spargel darin zugedeckt in ca. 12 Min. bei mittlerer Hitze garen. Spargel aus dem Wasser nehmen und im Backofen warm halten. Während der Spargel kocht, die Spätzle nach Grundrezept herstellen und warm halten.

3   Für die Sauce hollandaise die restliche Butter in einem kleinen Topf schmelzen. Die Eigelbe mit Wein, Zitronensaft, Salz und Pfeffer in einer hitzebeständigen Schüssel verquirlen und über dem Wasserbad bei mittlerer Temperatur mit dem Schneebesen schaumig rühren. Die flüssige Butter tropfenweise zugeben und so lange rühren, bis eine cremige Sauce entsteht. Mit Salz und Pfeffer abschmecken. Die Spätzle in ein Sieb abgießen und mit Spargel und Sauce servieren. Dazu passt Schinken.

deftig

Leberspätzle

400 g Kalbsleber | 300 g Spätzlemehl (ersatz-
weise Mehl Type 405) | 4 Eier (Größe M) | Salz |
frisch geriebene Muskatnuss | 2 EL Rapsöl

Für 4 Personen | 30 Min. Zubereitung
Pro Portion ca. 515 kcal, 34 g EW, 16 g F, 58 g KH

1 Die Leber im Blitzhacker pürieren. Aus Leber,
Mehl, 2 Eiern, ½ TL Salz und Muskatnuss einen
Spätzleteig wie im Grundrezept (S. 23) zubereiten
und daraus möglichst lange Spätzle herstellen. Mit
kaltem Wasser abschrecken und in ein Sieb abgießen. Das Öl in einer Pfanne erhitzen, die Spätzle darin bei mittlerer Hitze 5 Min. anbraten. 2 Eier verquirlen, darübergeben und ca. 5 Min. stocken lassen.

VARIANTE: LEBERSPÄTZLESUPPE
Für 1 l Rinderbrühe die halbe Menge Leberspätzle zubereiten, aus dem Kochwasser in die heiße Brühe geben
und ca. 10 Min. ziehen lassen.

mediterran

Spätzle-Tomaten-Pfanne

Grundrezept Spätzleteig (S. 23) | 3 Frühlings-
zwiebeln | 5 Tomaten | 1 EL Butter | 1 Knob-
lauchzehe | 3 Stängel Petersilie | je 1 TL
getrockneter Majoran und Oregano | Salz |
Pfeffer | 100 g Parmesan am Stück

Für 4 Personen | 40 Min. Zubereitung
Pro Portion ca. 680 kcal, 33 g EW, 19 g F, 92 g KH

1 Spätzle nach dem Grundrezept von S. 23 zubereiten und warm halten. Frühlingszwiebeln putzen,
waschen und in Ringe schneiden. Tomaten waschen, in Würfel schneiden, dabei die Stielansätze
entfernen. Zwiebeln in Butter bei mittlerer Hitze
ca. 2 Min. dünsten, Tomaten zugeben, Knoblauch
abziehen und dazupressen. Alles ca. 8 Min. zugedeckt weitergaren. Petersilie waschen, trocknen,
fein hacken und zufügen. Mit Majoran, Oregano,
Salz und Pfeffer würzen. Spätzle abgießen, untermischen und mit geriebenem Parmesan servieren.

Klassiker

Maultaschen

Mit unserer Methode geht das Füllen und Schließen von Maultaschen schnell und unkompliziert. Teig und Füllung werden einfach gerollt und in Stücke geschnitten.

Grundrezept Nudelteig
250 g Mehl | Salz
2 Eier (Größe M) | 2 EL Öl
Mehl zum Verarbeiten
Für die Füllung
100 g gehackter TK-Spinat
1 Zwiebel
200 g Kalbsbrät (ersatzweise gepellte rohe Bratwürste)
2 EL Semmelbrösel
Salz, Pfeffer | frisch geriebene Muskatnuss
Außerdem
4 Zwiebeln | 50 g Butter

Für 4 Personen (20 Stück) | ⏱ 50 Min. Zubereitung | 20 Min. Ruhen | 15 Min. Garen
Pro Portion ca. 570 kcal, 18 g EW, 32 g F, 53 g KH

1 Mehl, ½ TL Salz, Eier, Öl und 3 EL Wasser zu einem glatten Nudelteig verkneten. Mit einem feuchten Tuch abdecken und bei Zimmertemperatur 20 Min. ruhen lassen. Inzwischen für die Füllung den Spinat in einem verschlossenen Gefrierbeutel in warmes Wasser legen und 20 Min. auftauen lassen. Die Zwiebel abziehen und fein würfeln.

2 Spinat, Zwiebel, Brät, Semmelbrösel, Salz, Pfeffer und Muskatnuss mit dem Pürierstab oder im Blitzhacker pürieren. Die Brätfüllung in vier gleiche Teile aufteilen. Den Nudelteig halbieren. Eines der beiden Teigstücke auf einer bemehlten Fläche zu einer runden dünnen Teigplatte von ca. 40 cm Ø

ausrollen. Die Teigplatte nochmals halbieren, sodass zwei Halbkreise entstehen. Ein Viertel der Brätfüllung auf dem ersten Halbkreis verstreichen. Dabei einen Rand von ca. 2 cm frei lassen (Bild 1). Die Ränder mit Wasser bestreichen.

3 Den Halbkreis von der runden Seite her aufrollen (Bild 2). Die Rolle vorsichtig auf ca. 5 cm Breite flach drücken. Mit beiden Händen den Stiel eines Kochlöffels festhalten und damit vier Rillen in die Rolle drücken, sodass 5 Quadrate entstehen. Die Rillen ca. 1 cm breit flach drücken (Bild 3). Die Enden der Teigrolle flach zusammendrücken, damit die Füllung später nicht herausquellen kann.

4 In den Rillen mit einem Teigrädchen oder einem Messer durchschneiden (Bild 4), die Maultaschen prüfen, ob sie an beiden Seiten geschlossen sind. Mit dem zweiten Halbkreis, dem zweiten Teigstück und der restlichen Füllung ebenso verfahren.

5 Wenn alle Maultaschen geformt sind, reichlich Wasser zum Kochen bringen und Salz zufügen. Die Maultaschen portionsweise im leicht siedenden Salzwasser zugedeckt bei mittlerer Hitze ca. 15 Min. gar ziehen lassen.

6 Die Zwiebeln abziehen und in feine Ringe schneiden. Butter in einer Pfanne erhitzen und darin bei mittlerer Hitze die Zwiebeln glasig dünsten. Die Maultaschen aus dem Salzwasser nehmen, abtropfen lassen und mit den Zwiebeln anrichten.

gästefein

Lachsmaultaschen

Grundrezept Nudelteig (S. 27)
1 Bund Dill
150 g Räucherlachs
1 Zitrone
100 g Frischkäse
Pfeffer | Salz
200 g Sahne
3 TL Meerrettich (aus dem Glas)

Für 4 Personen
⏲ 65 Min. Zubereitung | 20 Min. Ruhen
Pro Portion ca. 635 kcal, 25 g EW, 37 g F, 51 g KH

1   Einen Nudelteig nach dem Grundrezept von
S. 27 herstellen. Für die Füllung den Dill abbrausen,
trocken tupfen, die feinen Blätter abzupfen und
klein schneiden. Den Räucherlachs grob schneiden
und die Zitrone auspressen. Den Fisch mit Dill,
Frischkäse und der Hälfte des Zitronensaftes im
Blitzhacker oder mit dem Pürierstab pürieren und
alles mit Pfeffer würzen.

2   Die Füllung in vier Teile teilen. Die Maultaschen
wie im Grundrezept füllen und in leicht siedendem
Salzwasser zugedeckt bei mittlerer Hitze ca. 15 Min.
ziehen lassen.

3   Die Sahne in einem Kochtopf erhitzen und ca.
5 Min. einkochen lassen. Die Sahne mit Meerrettich,
Salz und Pfeffer würzen und mit Zitronensaft abschmecken. Die fertigen Maultaschen abschöpfen
und in der Meerrettichsahne servieren.

raffiniert

Spitzkrautkrapfen

doppelte Menge Grundrezept Nudelteig (S. 27)
1 kleiner Spitzkohl (ca. 1 kg) | 1 Zwiebel
125 g Schinkenspeck am Stück
5 EL Sonnenblumenöl | 2 EL Mehl
½ TL Kümmelkörner
Salz | Pfeffer
500 ml Gemüsebrühe

Für 6 Personen
⏲ 50 Min. Zubereitung | 20 Min. Garen
Pro Portion ca. 565 kcal, 22 g EW, 22 g F, 68 g KH

1   Nach dem Grundrezept von S. 27 die doppelte
Menge Nudelteig herstellen. Den Spitzkohl halbieren, vom Strunk befreien, waschen und in 0,5 cm
breite Streifen schneiden. Die Zwiebel abziehen,
Speck und Zwiebel fein würfeln. 2 EL Öl in einer
hohen Pfanne erhitzen, Zwiebel- und Speckwürfel
darin bei mittlerer Hitze ca. 5 Min. anbraten. Den
Kohl zugeben und ca. 10 Min. offen mitbraten. Weitere 10 Min. zugedeckt bei schwacher Hitze garen.

2   Ein Geschirrtuch mit Mehl bestreuen. Darauf den
Teig dünn zu einer rechteckigen Platte von ca. 40 x
60 cm ausrollen. Den Kohl mit Kümmel, Salz und
Pfeffer würzen, auf dem Teig verteilen, dabei rundum 1–2 cm frei lassen. Den Teig durch Anheben des
Küchentuchs von der langen Seite her aufrollen und
quer in 8 Stücke schneiden.

3   Das restliche Öl in der Pfanne erhitzen, Krapfen
mit der Schnittfläche nach unten hineinsetzen und
bei mittlerer Hitze von beiden Seiten jeweils 3 Min.
anbraten. Die Brühe erhitzen, dazugießen und alles
zugedeckt bei schwacher Hitze in 20 Min. garen.

oben: Lachsmaultaschen | unten: Spitzkrautkrapfen

mild-aromatisch

Gemüse-Schupfnudeln

Schupfnudeln, in Schwaben wegen ihrer Form auch »Buabaspitzla« genannt, werden wie italienische Gnocchi aus Kartoffeln zubereitet. In Schwaben werden sie als Beilage zu Sauerkraut, aber auch als süßes Hauptgericht mit Apfelmus serviert.

600 g vorwiegend festkochende Kartoffeln
1 Möhre
1 Bund Petersilie
150 g Mehl (Type 405)
1 Ei (Größe M)
Salz
Pfeffer
frisch geriebene Muskatnuss
4 EL Butterschmalz

Für 4 Personen | ⏱ 60 Min. Zubereitung
Pro Portion ca. 325 kcal, 8 g EW, 121 g F, 45 g KH

1 Die Kartoffeln und die Möhre waschen und ungeschält zusammen in wenig Wasser bei mittlerer Hitze zugedeckt in ca. 25 Min. garen, abgießen und mindestens 30 Min. abkühlen lassen. Das Gemüse schälen. Die Petersilie waschen und trocken schütteln.

2 Die kalten Kartoffeln auf der Rohkostreibe fein raspeln oder durch die Kartoffelpresse drücken (Bild 1). Die Petersilie und die Möhre im Blitzhacker zerkleinern. Die Kartoffeln mit Möhre, Petersilie, Mehl und Ei zu einem Teig verkneten und mit Salz, Pfeffer und Muskatnuss würzen.

3 Aus dem Teig vier Rollen von ca. 5 cm Ø formen und davon Scheiben von 1-2 cm abschneiden. Hieraus mit nassen Händen daumengroße Nudeln mit spitz zulaufenden Enden formen (Bild 2). In einer

Pfanne etwas Butterschmalz erhitzen und die Schupfnudeln darin portionsweise bei mittlerer Hitze von beiden Seiten je 4 Min. goldbraun braten.

UND DAZU?

Sauerkraut mit Speck: **Dafür 1 Zwiebel abziehen. 125 g Schinkenspeck und die Zwiebel fein würfeln. In einem Topf 2 EL Sonnenblumenöl erhitzen, Zwiebel und Speck darin etwa 4 Min. anbraten. 750 g frisches Sauerkraut zugeben und 1 Min. im offenen Topf anbraten. 200 ml Gemüsebrühe und 100 ml Weißwein angießen. Je 8 Wacholderbeeren und Pimentkörner und nach Belieben ½ TL Kümmelkörner dazugeben. Das Kraut zugedeckt bei schwacher Hitze ca. 45 Min. garen. Mit Salz, Pfeffer und Zucker abschmecken.**

KÜCHENTECHNIK-TIPP

Auch eine Spätzlepresse leistet gute Dienste, um Kartoffeln durchzupressen. Ungeeignet ist der Pürierstab, denn damit erhält man eine zähe, klebrige Masse, die sich kaum weiterverarbeiten lässt.

VARIANTE

Für klassische Schupfnudeln ersetzen Sie Möhre und Petersilie durch 150 g zusätzliche Kartoffeln. Für Nackete Mariele mit Apfelmus den Kartoffelteig ohne Gemüse, Muskatnuss und Pfeffer zubereiten und nur leicht salzen. Die Nudeln bei schwacher Hitze von beiden Seiten je 4 Min. braten, sodass sie hell bleiben. Die Nudeln mit Zimt und Zucker bestreuen und mit Apfelmus servieren.

Fleisch, Fisch & Beilagen

Die Schwaben sind sehr heimatverbunden und kochen vor allem das, was im Ländle wächst und gedeiht: frisches Wild aus heimischen Wäldern, Forelle und Zander aus dem nahe gelegenen Weiher, Gemüse vom Acker nebenan und Roastbeef für den Zwiebelrostbraten von Weiderindern aus der Umgebung.

Zwiebelrostbraten

4 Zwiebeln (ca. 500 g)
4 Scheiben Roastbeef (à ca. 180 g)
5 EL Öl
Salz | Pfeffer
250 ml Rinderbrühe (S. 14)
50 ml Rotwein (z. B. Trollinger, ersatzweise Rinderbrühe)
1 TL Speisestärke
50 g Schmand

Für 4 Personen | ⏱ 30 Min. Zubereitung
Pro Portion ca. 425 kcal, 43 g EW, 24 g F, 8 g KH

1 Die Zwiebeln abziehen und in Ringe schneiden. Das Fleisch mit dem Handballen etwas flach drücken. Den Backofen auf 80° vorheizen.

2 In einer Pfanne 2 EL Öl erhitzen und die Zwiebelringe darin bei mittlerer Hitze ca. 10 Min. braten.

3 Inzwischen in einer zweiten Pfanne das restliche Öl erhitzen. Das Fleisch darin bei starker Hitze von beiden Seiten ca. 3 Min. braten. Erst nach dem Braten mit Salz und Pfeffer würzen und im Backofen mit Alufolie abgedeckt warm halten.

4 Die Brühe und den Wein in die Fleisch-Pfanne geben und den Bratensatz damit lösen. Die Speisestärke mit 3 EL kaltem Wasser glatt rühren und die Sauce damit binden. Mit Salz und Pfeffer würzen. Den Schmand in die Sauce rühren. Das Fleisch mit den Zwiebeln bedecken und mit der Sauce servieren. Spätzle und Salat sind perfekte Beilagen.

edel

Forelle mit Kräutern

4 küchenfertige Forellen (à ca. 250 g)
Salz
2 Zitronen
½ Bund Petersilie
½ Bund Dill
½ Bund Schnittlauch
2 Knoblauchzehen
125 g weiche Butter
Pfeffer

Für 4 Personen
⊚ 20 Min. Zubereitung | 30 Min. Garen
Pro Portion ca. 435 kcal, 37 g EW, 31 g F, 2 g KH

1 Die Forellen unter fließendem Wasser abspülen, mit Küchenpapier trocken tupfen und innen und außen salzen. 1 Zitrone auspressen und den Fisch mit dem Saft einreiben. Die Kräuter waschen, trocken schütteln und fein hacken. Den Knoblauch abziehen und durchpressen. Butter, Kräuter, Knoblauch, Salz und Pfeffer mit einer Gabel zu einer geschmeidigen Masse vermischen.

2 Den Backofen auf 180° vorheizen. Jede Forelle jeweils auf ein großes Stück Alufolie legen und mit einem Viertel der Kräuterbutter füllen. Die Folie am Kopf und Schwanz des Fischs einklappen, die anderen beiden Enden der Alufolie zum Verschließen oben zusammenlegen und einrollen.

3 Die Forellen auf ein Backblech oder in eine große flache Auflaufform legen. Im heißen Ofen in ca. 30 Min. (Mitte, Umluft 160°) garen. Die zweite Zitrone in Spalten schneiden. Die Fische in der Folie mit Zitronenspalten servieren. Dazu passen Salzkartoffeln und ein Salat.

feinwürzig

Zander in Dill-Sauce

500 g Zanderfilet mit Haut
Salz | Pfeffer
1 Bio-Zitrone
½ Bund Dill
1 Zwiebel
1 EL Butter
200 ml Gemüsebrühe
100 g Sahne
1 TL Speisestärke
1 TL Honig
3 EL Butterschmalz

Für 4 Personen | ⊚ 30 Min. Zubereitung
Pro Portion ca. 285 kcal, 25 g EW, 18 g F, 5 g KH

1 Das Zanderfilet waschen und trocken tupfen. Filets auf der Hautseite mehrmals diagonal einritzen, dann salzen und pfeffern. Die Zitrone heiß waschen, abtrocknen, die Schale abreiben und die Frucht auspressen. Den Dill waschen, trocken schütteln und die Blättchen fein hacken. Die Zwiebel abziehen und fein würfeln.

2 Die Butter in einer Pfanne erhitzen und die Zwiebelwürfel darin glasig braten. Gemüsebrühe, Sahne, Zitronensaft und -schale zugeben, aufkochen und ca. 3 Min. offen kochen lassen. Die Speisestärke mit 4 EL kaltem Wasser glatt rühren und die Sauce damit binden. Den Dill einrühren und die Sauce mit Salz, Pfeffer und Honig abschmecken.

3 In einer zweiten Pfanne das Butterschmalz erhitzen und die Zanderfilets darin bei mittlerer Hitze erst auf der Hautseite, dann auf der Fleischseite jeweils ca. 3 Min. braten. Mit Sauce servieren.

oben: Forelle mit Kräutern | unten: Zander in Dill-Sauce

herbstlich

Hirschgulasch mit Äpfeln

2 große Zwiebeln

3 EL Sonnenblumenöl

750 g Hirschgulasch

400 ml Rinderbrühe (Rezept S.14)

100 ml Rotwein (ersatzweise Rinderbrühe)

½ TL Pimentkörner

½ TL Wacholderbeeren

4 ganze Nelken

2 Lorbeerblätter

je 1 TL getrockneter Majoran und Thymian

3 Äpfel (z. B. Elstar)

1 TL frisch gepresster Zitronensaft

2 EL Zucker

100 ml Apfelsaft

1 TL Speisestärke

3 EL Schmand

3 TL Preiselbeeren (aus dem Glas)

Salz | Pfeffer

Für 4 Personen

◎ 45 Min. Zubereitung | 60 Min. Garen

Pro Portion ca. 435 kcal, 41 g EW, 16 g F, 26 g KH

1 Die Zwiebeln abziehen und würfeln. Das Öl in einem Topf erhitzen und das Fleisch darin bei starker Hitze 5 Min. rundum scharf anbraten, dann die Zwiebeln zugeben und ca. 5 Min. mitbraten. Rinderbrühe und Rotwein angießen. Pimentkörner, Wacholderbeeren, Nelken, Lorbeerblätter, Majoran und Thymian zugeben. Den Topf schließen und alles bei mittlerer Hitze ca. 1 Std. schmoren lassen, dabei gelegentlich umrühren.

2 Inzwischen die Äpfel schälen, in Spalten schneiden und dabei das Kerngehäuse entfernen. Damit die Äpfel nicht braun werden, in eine Schüssel geben, mit Wasser bedecken und den Zitronensaft zugeben.

3 In einer Pfanne bei schwacher Hitze den Zucker unter Rühren erhitzen, bis er schmilzt. Mit dem Apfelsaft ablöschen. Die Apfelspalten aus dem Wasser nehmen, in die Pfanne geben und zugedeckt ca. 2 Min., dann weitere ca. 4 Min. offen garen, bis die Flüssigkeit verdampft ist.

4 Die Speisestärke mit 4 EL kaltem Wasser glatt rühren, zum Gulasch geben und alles noch einmal aufkochen lassen. Den Topf vom Herd nehmen, Schmand und Preiselbeeren einrühren und das Gulasch mit Salz und Pfeffer würzen. Mit den Apfelspalten servieren.

UND DAZU?

Zu diesem Wildgulasch passen Spätzle und ein würziges Blaukraut. Dafür 1 kleinen Kopf Rotkohl (ca. 1 kg) waschen, vierteln und den Strunk herausschneiden. Die Kohlblätter in feine Streifen schneiden. 1 große Zwiebel abziehen und würfeln. 2 Äpfel schälen, vierteln und dabei das Kerngehäuse entfernen. Die Äpfel in feine Spalten schneiden. In einem großen Kochtopf 40 g Schweineschmalz oder Butter erhitzen. Zwiebel, Kohl und Äpfel darin 3 Min. dünsten. 350 ml Gemüsebrühe angießen, 3 Nelken und 2 Lorbeerblätter zugeben. Den Kohl in ca. 40 Min. bei mittlerer Hitze zugedeckt garen. 3 EL Preiselbeeren (aus dem Glas) und 1 EL Rotweinessig zugeben und das Blaukraut mit Salz, Pfeffer, gemahlenem Piment und Zimtpulver abschmecken.

für Gäste

Gefüllte Kalbsbrust

Für einen perfekten Braten gilt: Achten Sie auf gute Fleischqualität und lassen Sie sich vom Metzger gleich eine Tasche in das Fleisch schneiden.

2 Brötchen vom Vortag
2 Zwiebeln
200 g Champignons
6 EL Sonnenblumenöl
1 Bund Petersilie
5 Zweige Thymian
Salz | Pfeffer
1 TL Aceto balsamico
1,5 kg Kalbsbrust (mit Tasche)
1 Möhre
125 ml Weißwein (ersatzweise Rinderbrühe)
125 ml Rinderbrühe (S. 14)
2 Lorbeerblätter
10 Pimentkörner
100 ml Sahne
1 TL Speisestärke (nach Belieben)

Für 6 Personen
🕐 70 Min. Zubereitung | 2 Std. Garen
Pro Portion ca. 540 kcal, 50 g EW, 31 g F, 11 g KH

1 Für die Füllung die Brötchen würfeln und in Wasser mindestens 5 Min. einweichen. 1 Zwiebel abziehen und fein würfeln. Die Champignons putzen und achteln. 2 EL Öl in einer Pfanne erhitzen und die Zwiebelwürfel darin glasig anbraten. Die Pilze dazugeben und ca. 5 Min. zugedeckt bei mittlerer Hitze mitbraten und vom Herd nehmen. Petersilie und Thymian waschen, trocken schütteln und fein hacken. Die Brötchen ausdrücken und mit den Kräutern und der Zwiebel-Pilz-Mischung in eine Schüssel geben. Die Masse gut durchrühren und mit Salz, Pfeffer und Aceto balsamico würzen.

2 Das Fleisch innen und außen mit Salz und Pfeffer einreiben. Die Füllung in die Fleischtasche füllen, gegebenenfalls nicht alles, da die Füllung beim Garen ihr Volumen vergrößert. Die Öffnung mit Küchengarn gut zusammennähen.

3 Den Backofen auf 180° vorheizen. Die übrige Zwiebel und die Möhre schälen und in grobe Stücke schneiden. 4 EL Öl in einem Bräter erhitzen. Das Fleisch darin rundum ca. 10 Min. bei starker Hitze anbraten und herausnehmen. Die Hitze auf mittlere Temperatur reduzieren, das Gemüse dazugeben und 5 Min. braten. Mit Weißwein und Rinderbrühe ablöschen, das Fleisch, die Lorbeerblätter und Pimentkörner einlegen.

4 Den Bräter schließen und in den Backofen schieben. Das Fleisch bei 180° (Mitte, Umluft 160°) ca. 2 Std. garen. Dabei das Fleisch gelegentlich mit dem Fond begießen. Nach Ende der Garzeit das Fleisch aus dem Bräter nehmen und im abgeschalteten Backofen warm halten.

5 Für die Sauce den Bratenfond durch ein Sieb in einen Kochtopf gießen. Die Sahne zugeben, aufkochen und ca. 5 Min. bei starker Hitze einkochen lassen. Wem die Sauce noch zu flüssig ist, kann mit Wasser angerührte Speisestärke einrühren und aufkochen. Die Sauce mit Salz und Pfeffer würzen und mit Weißwein abschmecken.

Leberknödel

Die Leberknödel mit ihrem speziellen herb-würzigen Geschmack sind ein preiswerter Klassiker. Am besten schmecken sie an kühlen Tagen mit einer Portion Sauerkraut.

125 ml Milch | 4 Brötchen vom Vortag | 1 Bund Petersilie | 1 Zwiebel | 150 g Schweineleber | 1 Bio-Zitrone | 2 EL Sonnenblumenöl | 2 TL getrockneter Majoran | Salz | Pfeffer | frisch geriebene Muskatnuss | 2 EL Semmelbrösel | 1 Ei (Größe M)

Für 6 Knödel
◎ 30 Min. Zubereitung | 30 Min. Garen
Pro Stück ca. 195 kcal, 10 g EW, 7 g F, 21 g KH

1 Die Milch erhitzen. Die Brötchen in Scheiben schneiden und in der heißen Milch mindestens 5 Min. einweichen. Inzwischen die Petersilie waschen, trocken schütteln und fein hacken. Die Zwiebel abziehen und fein würfeln. Die Leber im Blitzhacker pürieren. Die Zitrone waschen, abtrocknen und die Schale abreiben.

2 Das Öl in einer Pfanne erhitzen. Zwiebel und Petersilie darin bei mittlerer Hitze 3 Min. anbraten, bis die Zwiebelwürfel glasig sind. In einer Schüssel Leber, Majoran, 1 TL Salz, Pfeffer, Muskatnuss, Semmelbrösel, Ei, Zitronenschale und die Zwiebel-Petersilien-Mischung mit den eingeweichten Brötchen mischen und das Ganze mit dem Pürierstab oder im Blitzhacker pürieren.

3 1,5 l Wasser zum Kochen bringen und Salz zufügen. Mit nassen Händen aus dem Teig 6 runde Knödel formen, in das leicht sprudelnde Salzwasser geben und ca. 30 Min. bei schwacher Hitze im geschlossenen Topf gar ziehen lassen. Mit Sauerkraut (S. 30) servieren.

Kräuter-Kratzete

4 Eier (Größe M) | 250 g Mehl | 400 ml Milch |
1 TL Salz | je 1 Bund Schnittlauch und Peter-
silie | 3 EL Butterschmalz

Für 4 Personen | ⊚ 30 Min. Zubereitung
Pro Portion ca. 430 kcal, 17 g EW, 18 g F, 45 g KH

1 Eier trennen. Eigelbe mit Mehl, Milch und Salz
zu einem glatten Teig verrühren und 10 Min. ruhen
lassen. Inzwischen die Kräuter waschen, trocken
schütteln, klein schneiden und in den Teig rühren.
Die Eiweiße mit dem Handrührgerät steif schlagen
und unter den Teig heben. Den Backofen auf 50°
vorheizen.

2 In einer beschichteten Pfanne etwas Butterschmalz erhitzen. Zwei Schöpfkellen Teig in die
Pfanne geben. Sobald der Teig stockt, mit zwei
Pfannenwendern in kleine Stücke reißen, diese
rundum goldbraun braten und im Backofen warm
halten. Mit dem restlichen Teig ebenso verfahren.

Wirsingküchle

300 g mehlig kochende Kartoffeln | 500 g Wir-
sing | Salz | 1 Zwiebel | 125 g Schinkenspeck
am Stück | 7 EL Öl | Pfeffer | frisch geriebene
Muskatnuss | 1 Ei (Größe M)

Für 4 Personen | ⊚ 45 Min. Zubereitung
Pro Portion ca. 295 kcal, 13 g EW, 22 g F, 12 g KH

1 Kartoffeln waschen, in wenig Wasser in ca.
25 Min. garen, abgießen. Wirsing von Strunk und
Rippen befreien, Blätter in Streifen schneiden,
2 Min. in Salzwasser blanchieren und abgießen.
Zwiebel abziehen, Speck und Zwiebel würfeln, in
1 EL Öl 4 Min. anbraten. Wirsing zugeben, offen
bei mittlerer Hitze 5 Min. dünsten. Mit Salz, Pfeffer
und Muskatnuss würzen. Kartoffeln pellen, durch
die Kartoffelpresse drücken, mit Ei und Wirsing
mischen. Etwas Öl in einer beschichteten Pfanne
erhitzen. Mit nassen Händen Küchlein formen und
portionsweise pro Seite 3 Min. in heißem Öl braten.

für Gemüsefans

Laubfrösche im Tomatenbett

Unsere vegetarischen Laubfrösche mit Kartoffelteig blicken auf eine lange schwäbische Tradition zurück, mit Tomatensauce bekommen sie italienisches Flair.

750 g vorwiegend festkochende Kartoffeln
Salz
500 g Mangold
1 Zwiebel
2 EL Sonnenblumenöl
1 Knoblauchzehe
1 Dose stückige Tomaten (ca. 400 g Füllmenge)
Pfeffer
30 g Butter
100 ml Milch
1 Ei (Größe M)
frisch geriebene Muskatnuss
100 g Allgäuer Bergkäse

Für 4 Personen
60 Min. Zubereitung | 20 Min. Überbacken
Pro Portion ca. 425 kcal, 18 g EW, 22 g F, 35 g KH

1 Die Kartoffeln waschen, ungeschält in wenig Salzwasser bei mittlerer Hitze zugedeckt in ca. 25 Min. garen. Inzwischen reichlich Wasser in einem großen Topf zum Kochen bringen und Salz zufügen. Den Mangold waschen, Stiele und dicke weiße Blattrippen entfernen, dabei darauf achten, dass die Blätter möglichst ganz bleiben. Die Blätter portionsweise jeweils 2 Min. im kochenden Salzwasser blanchieren, mit kaltem Wasser abschrecken und abtropfen lassen.

2 Die Kartoffeln abgießen und abkühlen lassen. Die Zwiebel abziehen und würfeln. In einem kleinen Topf das Öl erhitzen und die Zwiebel darin anbra-

ten. Knoblauch abziehen und dazupressen. Die Tomaten samt Saft zugeben. Die Sauce ca. 5 Min. offen bei mittlerer Hitze köcheln lassen und mit Salz und Pfeffer würzen. Kartoffeln pellen, auf der Rohkostreibe raspeln oder durch die Kartoffelpresse drücken. Mit Butter, Milch und Ei verrühren und mit Salz, Pfeffer und Muskatnuss abschmecken. Den Backofen auf 180° vorheizen.

3 Käse reiben. Die Mangoldblätter mit der Spitze nach vorne auf die Arbeitsfläche legen. Von der Kartoffelmasse jeweils 2–3 EL auf die vordere Hälfte eines Blatts geben und von vorne einrollen. So fortfahren, bis alle Blätter und die Füllung aufgebraucht sind. Die Tomatensauce in eine flache Auflaufform geben, die Rollen hineinsetzen, mit dem geriebenen Käse bestreuen und ca. 20 Min. (Mitte, Umluft 160°) überbacken.

VARIANTE: LAUBFRÖSCHE MIT FLEISCHFÜLLUNG
500 g Mangold vorbereiten und blanchieren. Aus 500 g gemischtem Hackfleisch, 1 eingeweichten und ausgedrückten Brötchen, 1 fein gehackten Zwiebel, 1 TL Senf, Salz und Pfeffer eine Füllung zubereiten. Die Mangoldblätter mit 1–2 EL Fleischmasse füllen, seitlich einschlagen, aufrollen und mit einem Zahnstocher feststecken. Die Rollen von beiden Seiten in 4 EL Sonnenblumenöl anbraten. 350 ml Gemüsebrühe zugießen und zugedeckt 20–25 Min. bei schwacher Hitze schmoren. Die Laubfrösche aus der Pfanne nehmen. 100 g Schmand und 1 EL Tomatenmark in die Brühe rühren, aufkochen und mit Salz, Pfeffer und 1 TL Aceto balsamico abschmecken.

schmeckt frisch am besten

Sauerkrautkuchen

Das Siegerrezept des Großen GU-Rezeptwettbewerbs auf küchengötter.de! Mit Ihrem typisch schwäbischen Gericht überzeugte Küchengöttin »tennisplatz« die Kochbuchredaktion.

Für den Mürbeteig
340 g Mehl (Type 405)
130 g Butter
1 TL Salz
Mehl zum Verarbeiten
Für den Belag
1 Zwiebel
150 g Schinkenspeck am Stück
1 EL Butterschmalz
500 g Sauerkraut
125 ml Weißwein
250 g saure Sahne
4 Eier (Größe M)
1 TL Speisestärke
1 TL Kümmelkörner
Salz, Pfeffer
6 Scheiben Frühstücksspeck (Bacon)

Für 1 Springform von 26 cm Ø (12 Stück)
⏱ 30 Min. Zubereitung | 60 Min. Ruhen |
50 Min. Backen
Pro Stück ca. 315 kcal, 11 g EW, 18 g F, 24 g KH

1 Mehl, Butter, Salz und 125 ml lauwarmes Wasser in eine Schüssel geben und zu einem Teig verkneten. In Frischhaltefolie gewickelt 1 Std. ruhen lassen.

2 Die Zwiebel abziehen und mit dem Speck klein würfeln. Butterschmalz in der Pfanne erhitzen, Zwiebel und Speck darin 2–3 Min. bei mittlerer Hitze glasig anschwitzen. Sauerkraut zugeben und weitere 3 Min. mitbraten. Mit Weißwein ablöschen und weiterkochen, bis die gesamte Flüssigkeit verdampft ist. Die Sauerkrautmasse abkühlen lassen.

3 Den Backofen auf 200° vorheizen. Für den Belag saure Sahne, Eier, Speisestärke und Kümmelkörner gut verrühren und mit dem abgekühlten Kraut mischen. Mit Salz und Pfeffer würzen.

4 Die Springform einfetten. Den Teig auf wenig Mehl etwas größer als die Form ausrollen, in die Form legen und dabei einen kleinen Rand hochziehen. Die Sauerkrautmasse auf den Teig geben, glatt streichen und mit den Speckscheiben belegen. Im heißen Ofen (Mitte, Umluft 180°) 50 Min. backen, bis der Speck schön knusprig ist.

Süßspeisen & Kuchen

Süßschnäbel kommen in der schwäbischen Küche garantiert auf ihre Kosten – entweder bei einem süßen Hauptgericht, einem feinen Dessert oder beim nachmittäglichen Kuchen. Unsere Apfelküchle mit Zimt und Zucker passen eigentlich immer. Manchmal auch so gut, dass wir die doppelte Menge machen müssen.

Apfelküchle

100 g Mehl
2 Eier (Größe M)
150 ml Milch
1 Prise Salz
½ Zitrone
2 große Äpfel (z.B. Elstar)
1 TL Zimtpulver
2 EL Zucker
2 EL Butterschmalz

Für 10 Stück | 🍥 25 Min. Zubereitung
Pro Stück ca. 110 kcal, 3 g EW, 4 g F, 14 g KH

1 Mehl, Eier, Milch und Salz mit dem Kochlöffel zu einem glatten Teig verrühren. Die halbe Zitrone auspressen.

2 Die Äpfel schälen. Mit einem Apfelausstecher das Kerngehäuse herausstechen und die Äpfel in 1 cm dicke Scheiben schneiden. Die Apfelscheiben im Zitronensaft wenden. Zimt und Zucker in einem flachen Schälchen mischen.

3 Das Butterschmalz in einer beschichteten Pfanne erhitzen. Die Apfelscheiben durch den Teig ziehen und nacheinander bei mittlerer Hitze von beiden Seiten ca. 4 Min. goldgelb braten. Auf Küchenpapier entfetten und in der Zimt-Zucker-Mischung wenden.

UND DAZU?
Apfelküchle schmecken am besten noch warm, begleitet von einer Vanillesauce (S. 50) oder mit Vanilleeis.

braucht etwas Zeit

Dampfnudeln mit Mostschaumsauce

Das Braten der Dampfnudeln gilt auch in Schwaben als besondere Kunst. Mit unserer Anleitung gelingen sie garantiert und bekommen auch die heiß begehrte Kruste.

Für den Hefeteig

500 g Mehl (Type 405)
100 g Zucker | 1 TL Salz
1 Bio-Zitrone
250 ml Milch | 50 g Butter
1 Ei (Größe M)
1 Würfel Hefe (ca. 42 g)
Mehl zum Verarbeiten

Für die Mostschaumsauce

500 ml Apfelmost (ersatzweise Cidre)
4 EL Zucker | 4 Eier (Größe M)
1 EL Speisestärke

Zum Braten

40 g Kokosfett | 1 TL Salz

Für 12 Stück | ◎ 40 Min. Zubereitung
60 Min. Ruhen | 20 Min. Garen
Pro Stück ca. 325 kcal, 9 g EW, 11 g F, 45 g KH

1 Mehl, Zucker und Salz in einer Rührschüssel mischen. Die Zitrone heiß waschen, abtrocknen, Schale abreiben und die Hälfte davon unter das Mehl mischen (restliche Schale und Saft wird für die Sauce verwendet). Milch lauwarm erhitzen. Butter in der Milch schmelzen. Ei unterrühren.

2 Die Hefe in der lauwarmen Milch-Mischung auflösen, mit der Mehlmischung verrühren und den Teig mit den Knethaken des Handrührgeräts, der Küchenmaschine oder mit den Händen zu einem glatten Teig verkneten. Den Teig abgedeckt an einem warmen Ort 30 Min. gehen lassen.

3 Auf einer bemehlten Fläche den Teig in 12 Stücke teilen. Die Teigstücke mit bemehlten Händen zu Kugeln formen, mit etwas Abstand zueinander auf die Arbeitsfläche setzen und zugedeckt mit einem Tuch nochmals ca. 30 Min. gehen lassen.

4 Für die Mostschaumsauce die Zitrone auspressen. In einem kleinen Topf Zitronensaft, restliche Zitronenschale, Most, Zucker, Eier und Speisestärke glatt rühren. Das Ganze mit dem Schneebesen über dem heißen Wasserbad aufschlagen, bis die Sauce dicklich wird. Anschließend über dem Wasserbad bei schwacher Hitze warm halten.

5 In einem großen Bräter mit dicht schließendem Deckel das Kokosfett bei mittlerer Temperatur erhitzen. Wenn der Bräter auf einer ovalen Herdplatte an der gesamten Unterseite beheizt wird, bekommen alle Dampfnudeln die begehrte Kruste. Das Salz in 125 ml heißem Wasser auflösen. Die Teigkugeln nebeneinander in das heiße Fett setzen. Mit Salzwasser begießen und den Deckel schließen.

6 Sobald man hört, dass das Wasser im Bräter kocht, die Hitze reduzieren und die Dampfnudeln auf kleiner Flamme ca. 20 Min. garen lassen. Dabei den Bräter auf keinen Fall öffnen oder bewegen. Wenn man nach ca. 20 Min. ein kräftiges Zischen hört, sind die Dampfnudeln fertig. Den Deckel abnehmen, die Dampfnudeln herausheben und mit der Sauce servieren.

Kinderhit

Ofenschlupfer mit Birnen

Weil die Schwaben sehr sparsam sind, verwenden sie ihre altbackenen Brötchen für ein süßes Hauptgericht, das man das ganze Jahr über mit Obst der Saison zubereiten kann.

700 g reife Birnen
½ Zitrone
3 EL Mandelblättchen
2 EL Rosinen
6 Brötchen vom Vortag
3 Eier (Größe M)
125 ml Milch
200 g Sahne
3 EL Zucker
1 Päckchen Vanillezucker
1 Msp. Zimtpulver (nach Belieben)

Für 4 Personen
◎ 25 Min. Zubereitung | 25 Min. Backen
Pro Portion ca. 655 kcal, 17 g EW, 28 g F, 82 g KH

1 Die Birnen waschen, vierteln, die Kerngehäuse herausschneiden und die Viertel noch einmal achteln. Die Zitrone auspressen. Den Zitronensaft mit 100 ml Wasser mischen und über die Birnen geben. Mandelblättchen und Rosinen untermischen.

2 Den Backofen auf 200° vorheizen. Die noch weichen Brötchen in ca. 1 cm breite Scheiben schneiden. Die Eier trennen. Die Eiweiße mit dem Handrührgerät steif schlagen. Die Eigelbe mit Milch, Sahne, Zucker, Vanillezucker und nach Belieben mit Zimt schaumig schlagen.

3 Die Brötchenscheiben und die Birnen-Mandel-Rosinen-Mischung abwechselnd in eine Auflaufform schichten. Mit Brötchenscheiben abschließen.

Den Eischnee unter die Eiermilch ziehen und diese über Brötchen und Früchte in die Auflaufform gießen. Den Ofenschlupfer in ca. 25 Min. im Ofen (Mitte, Umluft 180°) goldgelb backen.

VARIANTEN
Die Birnen kann man durch Äpfel ersetzen. Auch Kirschen, Johannisbeeren, Aprikosen oder Pflaumen sind gut geeignet, dabei dann Zitronensaft, Wasser und Rosinen weglassen.

UND DAZU?
Zum Ofenschlupfer serviert man in Schwaben eine Vanillesauce. Dafür eine Vanilleschote längs aufschlitzen, das Mark herausschaben und mit 400 ml Milch in einem kleinen Topf zum Kochen bringen. Zusätzlich 200 ml Milch mit 2 Eigelben, 1 EL Speisestärke und 3 EL Zucker glatt rühren. Die kochende Milch vom Herd nehmen, die Eiermilch einrühren und die Vanillesauce bei schwacher Hitze mit dem Schneebesen so lange aufschlagen, bis sie dicklich wird. Nicht mehr kochen!

RESTE-TIPPS
Wer Vanillesauce zum Ofenschlupfer kocht, kann die beiden Eiweiße, die bei der Sauce übrig bleiben, mit den Eiweißen vom Ofenschlupfer steif schlagen und unter die Eiermilch heben. Die ausgekratzte Vanilleschote mit 3–4 EL Zucker in ein Schraubglas füllen. Nach 1 Woche hat man wunderbaren Vanillezucker.

richtiger Sattmacher

Grießschnitten

Für das Rhabarberkompott
1 kg Rhabarber
150 g Zucker | 1 Päckchen Vanillezucker
Für die Grießschnitten
½ l Milch | 1 EL Zucker
1 Päckchen Vanillezucker
abgeriebene Schale von 1 Bio-Zitrone
100 g Weichweizengrieß
2 Eier (Größe M) | 4 EL Butterschmalz
Fett für das Backblech

Für 4 Personen
◎ 45 Min. Zubereitung | 2 Std. Abkühlen
Pro Portion ca. 530 kcal, 12 g EW, 20 g F, 67 g KH

1 Den Rhabarber schälen, längs halbieren und in ca. 4 cm lange Stücke schneiden. Mit 100 ml Wasser, Zucker und Vanillezucker in einem Kochtopf aufkochen und bei schwacher Hitze in ca. 10 Min. garen. Das Kompott nochmals mit Zucker abschmecken und ca. 2 Std. abkühlen lassen.

2 Für die Grießschnitten Milch mit Zucker, Vanillezucker und Zitronenschale aufkochen. Den Grieß einrühren, unter Rühren ca. 2 Min. kochen lassen und vom Herd nehmen. Die Eier trennen. Die Eigelbe unter den Grießbrei rühren. Die Eiweiße mit dem Handrührgerät steif schlagen und unter die Masse heben. Ein Backblech fetten. Die Grießmasse ca. 2 cm dick auf das Blech streichen und ca. 15 Min. auskühlen lassen. Die Grießmasse in Rauten schneiden, etwas Butterschmalz in einer Pfanne erhitzen und die Rauten darin bei mittlerer Hitze portionsweise von jeder Seite ca. 5 Min. braten.

saftig-süß

Mohnspätzle

300 g Spätzlemehl (ersatzweise Mehl Type 405)
1 TL Salz
250 g Magerquark
4 Eier (Größe M)
100 ml Milch
½ Päckchen Vanillepuddingpulver
1 Päckchen Vanillezucker
1 Glas Sauerkirschen (ca. 680 g Füllmenge)
60 g Butter
50 g gemahlener Mohn
60 g Puderzucker

Für 4 Personen | ◎ 30 Min. Zubereitung
Pro Portion ca. 750 kcal, 29 g EW, 26 g F, 95 g KH

1 Mehl, Salz, Quark, Eier und Milch mit einem Kochlöffel zu einem zähflüssigen, glatten Spätzleteig verrühren und 5 Min. ruhen lassen. Aus dem Teig nach dem Grundrezept (S. 23) möglichst kurze Spätzle herstellen und diese zum Abtropfen in ein Sieb geben.

2 Das Puddingpulver mit Vanillezucker und 3 EL Saft von den Sauerkirschen glatt rühren. Den restlichen Saft mit den Kirschen in einem Topf erhitzen, das angerührte Puddingpulver einrühren und alles unter Rühren aufkochen lassen.

3 Die Butter in einer hohen Pfanne zerlassen. Darin die Spätzle bei mittlerer Hitze ca. 5 Min. erwärmen. Mohn und Puderzucker darüberstreuen und alles gut vermischen. Die Mohnspätzle mit den Kirschen servieren.

für Süßschnäbel

Nonnenfürzle

Dieses feine Gebäck besteht aus Brand-
teig, der in Fett ausgebacken wird.

250 ml Milch
1 Prise Salz | 1 EL Zucker
50 g Butter
125 g Mehl | 1 TL Backpulver
1 kg Frittierfett zum Ausbacken
3 Eier (Größe M)
Puderzucker zum Bestäuben

Für 4 Personen | ⏲ 40 Min. Zubereitung
Pro Portion ca. 415 kcal, 11 g EW, 27 g F, 30 g KH

1 Milch, Salz, Zucker und Butter in einem kleinen
Topf zum Kochen bringen. Mehl und Backpulver
mischen. Den Topf mit der kochenden Flüssigkeit
vom Herd nehmen, die Mehlmischung hineingeben
und mit einem Kochlöffel rühren, bis ein zäher Kloß
entstanden ist. Den Topf wieder auf den Herd stellen und bei mittlerer Hitze weiterrühren, bis sich
am Topfboden eine weiße Haut bildet.

2 In einem hohen Topf oder einer Fritteuse das
Fett auf 180° erhitzen. Wenn sich am Stiel eines
Holzkochlöffels kleine Bläschen bilden, ist das Fett
heiß. Den Teig in eine Schüssel geben und die Eier
nach und nach mit dem Kochlöffel oder Schneebesen unterrühren, bis eine glatte, glänzende Masse
entstanden ist. Mit Hilfe von zwei Teelöffeln kleine
Nocken vom Teig abstechen, portionsweise in das
heiße Fett geben und jeweils in ca. 2 Min. rundum
goldgelb ausbacken. Mit dem Schaumlöffel herausnehmen, auf Küchenpapier entfetten, mit Puderzucker bestäuben und warm servieren.

für besondere Anlässe

Versoffene Jungfern

Der Clou ist der heiße Most, in dem die
Jungfern ein heißes Bad nehmen …

2 Eier (Größe M)
80 g Zucker
½ Päckchen Vanillezucker
1 kg Frittierfett zum Ausbacken
150 g Mehl | 2 TL Backpulver
500 ml Apfelmost (ersatzweise lieblicher Cidre
oder Apfelsaft)

Für 6 Personen (15 Stück)
⏲ 40 Min. Zubereitung
Pro Portion ca. 240 kcal, 5 g EW, 6 g F, 36 g KH

1 Für den Teig Eier, Zucker, Vanillezucker und 2 EL
heißes Wasser mit dem Handrührgerät schaumig
schlagen. In einem hohen Topf oder in einer Fritteuse das Fett auf 180° erhitzen. Wenn sich am Stiel
eines Holzkochlöffels kleine Bläschen bilden, ist
das Fett heiß. Mehl und Backpulver mischen und
mit dem Schneebesen vorsichtig unter die Biskuit-
masse heben.

2 Mit einem nassen Esslöffel längliche Nocken
vom Teig abstechen, portionsweise in das heiße
Fett geben und rundherum in ca. 5 Min. goldgelb
ausbacken. Mit dem Schaumlöffel herausnehmen
und auf Küchenpapier gut entfetten. Inzwischen
den Most erhitzen, die warmen Nocken auf 6 Schälchen verteilen, mit heißem Most übergießen und
sofort servieren.

schmeckt frisch am besten

Hefezopf

Früher war der Hefezopf in vielen schwäbischen Familien ein absolutes Muss am Wochenende. Er verdankt seine schöne Farbe einem Überzug aus Eigelb und Milch.

Für den Hefeteig

500 g Mehl

50 g Zucker

1 Prise Salz

1 Bio-Zitrone

200 ml Milch

100 g weiche Butter

1 Ei (Größe M)

1 Würfel Hefe (ca. 42 g)

80 g Rosinen

Mehl zum Verarbeiten

Zum Verzieren

1 Ei (Größe M) | 1 EL Milch

Salz | Zucker

2 EL Hagelzucker

1 EL Mandelblättchen

Für 1 Zopf (20 Stücke) | ⊚ 30 Min. Zubereitung | 60 Min. Ruhen | 35 Min. Backen
Pro Stück ca. 170 kcal, 4 g EW, 6 g F, 25 g KH

1 Mehl, Zucker und Salz in einer Rührschüssel mischen. Die Zitrone heiß waschen, abtrocknen, die Schale mit der Zitrusreibe abreiben und unter das Mehl mischen. Milch lauwarm erhitzen. Butter in der Milch schmelzen. Ei unterrühren.

2 Die Hefe in die lauwarme Milch-Mischung bröseln und darin auflösen. Die Flüssigkeit mit der Mehlmischung und den Rosinen mit den Knethaken des Handrührgeräts, der Küchenmaschine oder mit den Händen zu einem glatten Teig verkneten, bis

sich der Teig vom Schüsselrand löst und beim Kneten Blasen wirft. Den Teig abgedeckt an einem warmen Ort mindestens 1 Std. gehen lassen.

3 Anschließend zum Bestreichen Ei, Milch, je 1 Prise Salz und Zucker verquirlen. Ein Backblech mit Backpapier oder Dauerbackfolie belegen. Den Teig in drei gleich große Teile schneiden. Die drei Teigstücke mit bemehlten Händen zu ca. 35 cm langen Strängen formen, nebeneinander auf das Backblech legen und zu einem Zopf flechten. Mit der Eiermilch bestreichen und mit Hagelzucker und Mandelblättchen bestreuen.

4 In den kalten Backofen (Mitte) schieben, auf 180° einschalten (Umluft nicht empfehlenswert) und in ca. 35 Min. goldbraun backen, bis der Hagelzucker leicht karamellisiert.

VARIANTE: NUSSZOPF
Den Teig ohne Rosinen zubereiten. Blech mit Backpapier belegen und darauf etwas Mehl verteilen. Teig darauf in Blechgröße ausrollen. Mit 50 g zerlassener Butter bestreichen. 50 g Zucker, 100 g gehackte Mandeln oder Haselnüsse und 1 TL Zimtpulver mischen und darüberstreuen. Den Teig von einer langen Seite her aufrollen, die Rolle längs in der Mitte durchschneiden und die beiden Hälften miteinander verdrehen, sodass die Schnittflächen oben liegen. In den kalten Ofen schieben und bei 180° (Umluft nicht empfehlenswert) in ca. 35 Min. backen. Den heißen Zopf mit einem Guss aus dem Saft von ½ Zitrone und 4 EL Puderzucker bestreichen.

fruchtig

Träubleskuchen

2 Eier (Größe M)
½ Bio-Zitrone
250 g Mehl
125 g weiche Butter
180 g Zucker
500 g Rote Johannisbeeren
1 EL Speisestärke
1 EL Semmelbrösel
50 g gehackte Mandeln
Fett für die Form

Für 1 Springform von 26 cm Ø (12 Stücke)
◎ 40 Min. Zubereitung | 60 Min. Backen
Pro Stück ca. 275 kcal, 5 g EW, 13 g F, 33 g KH

1 Die Eier trennen. Die Zitrone waschen, abtrocknen und die Schale mit einer Zitrusreibe abreiben. Die Eigelbe mit Mehl, Butter, Zitronenschale und 80 g Zucker verkneten. Den Backofen auf 200° vorheizen. Die Form fetten. Den Teig in die Form geben, mit der Hand auf dem Boden verteilen und einen Rand hochziehen. Den Boden im Ofen (Mitte, Umluft 180°) in ca. 25 Min. goldgelb backen.

2 Inzwischen die Johannisbeeren waschen, trocken tupfen und mit einer Gabel von den Rispen streifen. Die Eiweiße mit dem Handrührgerät steif schlagen. Restlichen Zucker und Speisestärke zufügen und ca. 3 Min. weiterschlagen. Die Beeren vorsichtig unter die Baisermasse heben.

3 Semmelbrösel und Mandeln auf dem vorgebackenen Boden verteilen, die Baisermasse darübergeben. Den Kuchen bei 160° (Mitte, Umluft 150°) in ca. 35 Min. fertig backen bis er hellgelb ist.

schmeckt heiß und kalt

Holunderbeerensuppe

1 kg Holunderbeeren | ½ Bio-Zitrone
125 g Zucker | ½ Zimtstange
2 Birnen
125 ml Weißwein (ersatzweise Apfelsaft)
20 g Speisestärke
100 g Sahne

Für 4 Personen | ◎ 60 Min. Zubereitung
Pro Portion ca. 415 kcal, 8 g EW, 12 g F, 62 g KH

1 Holunderbeeren waschen, trocken tupfen und von den Stängeln streifen. In einem großen Topf 1 l Wasser zum Kochen bringen, die Beeren hineingeben und 15 Min. kochen. Die Früchte in ein feines Sieb oder durch ein Tuch in einen zweiten Topf gießen und etwas abtropfen lassen.

2 Die halbe Zitrone heiß waschen, abtrocknen, die Schale abreiben und die Frucht auspressen. Beides zum Holundersaft geben. Zucker und Zimtstange ebenfalls zugeben. Die Birnen schälen, in Spalten schneiden, dabei das Kerngehäuse entfernen und das Obst in die Suppe geben. Alles aufkochen lassen und ca. 5 Min. zugedeckt bei mittlerer Hitze kochen, bis die Birnen gar sind.

3 Die Zimtstange aus der Suppe entfernen. Den Weißwein mit Speisestärke glatt rühren und die Suppe damit binden. Die Sahne mit dem Handrührgerät steif schlagen und zur Suppe servieren.

SPEED-TIPP
Statt Holunderbeeren und Wasser 0,7 l ungesüßten Holunderbeersaft verwenden.

Zum Gebrauch

Damit Sie Rezepte mit bestimmten Zutaten noch schneller finden können, stehen in diesem Register zusätzlich auch beliebte Zutaten wie **Käse** oder **Zwiebeln** – ebenfalls alphabetisch geordnet und **hervorgehoben** – über den entsprechenden Rezepten.

Unsere Garantie

Alle Informationen in diesem Ratgeber sind sorgfältig und gewissenhaft geprüft. Sollte dennoch einmal ein Fehler enthalten sein, schicken Sie uns das Buch mit dem entsprechenden Hinweis an unseren Leserservice zurück. Wir tauschen Ihnen den GU-Ratgeber gegen einen anderen zum gleichen oder ähnlichen Thema um.

Liebe Leserin und lieber Leser,

wir freuen uns, dass Sie sich für ein GU-Buch entschieden haben. Mit Ihrem Kauf setzen Sie auf die Qualität, Kompetenz und Aktualität unserer Ratgeber. Dafür sagen wir Danke! Wir wollen als führender Ratgeberverlag noch besser werden. Daher ist uns Ihre Meinung wichtig. Bitte senden Sie uns Ihre Anregungen, Ihre Kritik oder Ihr Lob zu unseren Büchern. Haben Sie Fragen oder benötigen Sie weiteren Rat zum Thema? Wir freuen uns auf Ihre Nachricht!

Wir sind für Sie da!
Montag–Donnerstag: 8.00–18.00 Uhr; Freitag: 8.00–16.00 Uhr
Tel.: 0180-5005054*   *(0,14 €/Min. aus
Fax: 0180-5012054*   dem dt. Festnetz/
              Mobilfunkpreise
E-Mail: maximal 0,42 €/Min.)
leserservice@graefe-und-unzer.de

P.S.: Wollen Sie noch mehr Aktuelles von GU wissen, dann abonnieren Sie doch unseren kostenlosen GU-Online-Newsletter und/oder unsere kostenlosen Kundenmagazine.

GRÄFE UND UNZER VERLAG
Leserservice
Postfach 86 03 13
81630 München

© 2010
GRÄFE UND UNZER VERLAG GmbH, München

Alle Rechte vorbehalten. Nachdruck, auch auszugsweise, sowie die Verbreitung durch Film, Funk, Fernsehen und Internet, durch fotomechanische Wiedergabe, Tonträger und Datenverarbeitungssysteme jeglicher Art nur mit schriftlicher Genehmigung des Verlages.

Projektleitung: Tanja Dusy
Lektorat: Petra Puster
Korrektorat: Mischa Gallé
Layout, Typografie und Umschlaggestaltung: independent Medien-Design, Horst Moser, München
Satz: abavo GmbH, Buchloe
Herstellung: Christine Mahnecke
Reproduktion: Wahl Media GmbH, München
Druck: Firmengruppe APPL, aprinta druck, Wemding
Bindung: Firmengruppe APPL, sellier druck, Freising

ISBN 978-3-8338-1630-7

2. Auflage 2011

Syndication:
www.jalag-syndication.de

GRÄFE UND UNZER

Ein Unternehmen der
GANSKE VERLAGSGRUPPE

Die Autorinnen

Karola Wiedemann ist auf einem Bauernhof in Schwaben aufgewachsen, studierte Haushaltswissenschaft und arbeitete als Redakteurin bei verschiedenen Zeitschriften. Inzwischen ist die passionierte Köchin als freie Autorin erfolgreich.

Martina Kiel ist Diplom-Oekotrophologin. Sie ist als Referentin für Projekt- und Öffentlichkeitsarbeit für Verbände aus dem Bereich Landwirtschaft und Eine Welt tätig. Am liebsten kocht sie mit frischen ökologischen Produkten aus der Region.

Der Fotograf

Jörn Rynio zählt zu seinen Auftraggebern internationale Zeitschriften, namhafte Buchverlage und Werbeagenturen. Mit einer großen Portion Kreativität und appetitanregendem Styling setzt der Hamburger Fotograf Food-Spezialitäten stimmungsvoll in Szene. Tatkräftig unterstützt wird er von seinen Stylistinnen Petra Speckmann (Food) und Michaela Suchy (Requisite).

Bildnachweis

Titelfoto: Martina Görlach, München; alle anderen: Jörn Rynio, Hamburg

Titelbildrezept:

Maultaschen von Seite 27

Schwäbisches Diktionärle

Viele schwäbische Ausdrücke sind ganz eigener Natur und lassen – vor allem Nichtschwaben – schmunzeln. Hier ein paar Kostproben.

Ackersalat   Feldsalat

auslicha   ausschwenken

Backspätzle   Backerbsen

Backstoikäs   Backsteinkäse; dem Limburger ähnlicher, kräftig würziger Weichkäse in backsteinähnlicher Form

Bibeleskäs   s. Luckeleskäs

Bira   Birnen

Blaukraut   Rotkohl

Bodabira   Kartoffeln

Buabaspitzla   s. Schupfnudla

Butza   übrig gebliebenes Kerngehäuse beim Essen von ganzen Äpfeln und Birnen

Dampfnudla   Dampfnudeln; weiche Hefeklöße, die in einem großen, geschlossenen Bräter auf dem Herd gegart werden und dabei eine Kruste bekommen

Dinnete   schwäbische Pizza aus dünn ausgerolltem Hefeteig mit Zwiebeln, Speck, Kartoffeln oder Käse belegt

Flädle   in feine Streifen geschnittene dünne Pfannkuchen, die als Suppeneinlage verwendet werden (Flädlesuppe) oder aufgerollte Pfannkuchen mit pikanter oder süßer Füllung (gefüllte Flädle)

Fleischküchle   Frikadellen

Gaisburger Marsch   Suppeneintopf mit Spätzle, Kartoffeln und Rindfleisch, der nach der Legende aus dem Stuttgarter Stadtteil Gaisburg stammt. Er soll das Leibgericht der »Einjährigen« Soldaten gewesen sein, die immer sonntags von ihrer Kaserne zu einem Gaisburger Wirt, der diesen Eintopf kreiert haben soll, marschiert sind.

Gelb Rüaba   Gelbe Rüben; Möhren

Grießschnitta   Grießschnitten; aus Grießmasse gebackene Schnitten, süß oder pikant zubereitet

Grumbiera   Kartoffeln

Gsälz   Marmelade

Guatsle   vor allem im Stuttgarter Raum Bezeichnung für Weihnachtsplätzchen

Holler- oder Holderkiechla   in Pfannkuchenteig getauchte und dann in der Pfanne in Fett ausgebackene Holunderblüten

Hutzeln   spezielle getrocknete kleine Birnen, mit denen in der Adventszeit das sogenannte Hutzelbrot (Früchtebrot) gebacken wird

Kalbsvögele   gefüllte Kalbsrouladen, die auch gerne für kalte Platten aufgeschnitten werden

Katzagschroi   gekochtes, in Streifen geschnittenes Rindfleisch mit Ei überbacken

Knöpfle   runde Spätzle, wie sie mit Spätzlehobel, -sieb oder -reibe hergestellt werden; Knöpfle kommt von Knopf, was im Schwäbischen ein Knoten ist; auch in Salzwasser gegarte Klöße aus Grieß- oder Hefeteig werden als Knöpfle bezeichnet

Kachel   Kochtopf; mancherorts ist damit auch ein Tontopf gemeint

Knobele   Knoblauch

Kratzete   dicker Pfannkuchen, der während des Backens in der Pfanne in Stücke gerissen wird; süß oder pikant zubereitet; in Österreich und Bayern als Schmarrn bekannt

Kraut   Weißkohl

Krautkrapfa   Krautkrapfen; mit Weißkohl gefüllte Nudelteigrollen, auf beiden Seiten gebraten, mit Brühe angegossen und gegart

Krautwickel   Kohlrouladen; traditionell mit Hackfleischfüllung

Laible   Plätzchen

Laubfrösche   gefüllte Spinat- oder Mangoldblätter